घास की पत्तियों पर चमकती ओस की बूँदों की तरह निवेदिता के नये कविता-संग्रह *आवाज़ एक उम्मीद है* की कविताएँ सुबह के बाद आने वाली दोपहर की तपिश को भी जानती-सी लगती हैं। बिगड़-सी गयी दुनिया को सम्बोधित ये कविताएँ प्रतिरोध के गहरे आशयों को सम्बोधित हैं। भीतर से एक फीकी हँसी के साथ ही स्वीकार करती हैं कि आज भी आख़िर लोग बाँटते हैं आशाएँ; भीतर एक तीक्ष्ण निराशा आ बैठी है; एक पूरा देश मलबे में तब्दील कर दिया जा रहा है; माँएँ रो रही हैं; बच्चे हमेशा के लिए शान्त हो गये हैं; एक फिलिस्तीन की ही बात नहीं रह गयी है। पूँजीवादी पितृसत्ता अब एक दूसरी ज़्यादा आक्रामक विकृत व्यवस्था बना रही है और हम सब देख रहे हैं इस दुर्दशा को। हर जगह नये-नये तानाशाह पैदा हो रहे हैं; वे अपने को ईश्वर कह रहे हैं; उनके फ़र्मान से दिन और रातें हो रही हैं। कविता हक्का-बक्का है कि यह क्या हो रहा है। फिर बोल ही उठती है—इस दुनिया को प्रेम ही रच सकता है और अब इसके लिए ही लड़ना होगा। अभी तो दुनिया की स्त्रियों ने भर आँख चाँद भी नहीं देखा, उन्हें अभी खरबों तारों का हिसाब लगाना बाक़ी है; वे उन्हें गिनना चाहती हैं, क़ायनात को समझना चाहती हैं। कोई भी समाज या देश इन इच्छाओं की पूर्ति किये बग़ैर ढहाया नहीं जा सकता। वैसे भी सभ्यता के ऐसे मोड़ पर हम आ खड़े हुए हैं जहाँ से प्रकृति विदा ले रही है। ऐसे गहरे ख़तरे को समझती हूँ। *आवाज़ एक उम्मीद है* की कविताएँ एक दूसरा अवसर माँगती हैं इस संसार को अपने ढंग से रचने के लिए। कविता की भूमिका यहाँ अत्यन्त मानीख़ेज़ हो जाती है। निवेदिता की ये जुझारू कविताएँ हमारे समय की विलक्षण उपलब्धियाँ जान पड़ती हैं, इन्हें पढ़ते हुए एहसास होता है– अभी कितने ही फूलों को खिलना है , उगना है और स्त्रियों को उन्हें गिनना है, इस दुनिया को न्यायपूर्ण और सुन्दर बनाना है।

—सविता सिंह

आवाज़ एक उम्मीद है

निवेदिता

वाणी प्रकाशन

प्रकाशन के उत्कृष्टतम 63 वर्ष

vaniprakashan.com

पेपरबैक पहला संस्करण : 2026

वाणी प्रकाशन

4695, 21-ए, दरियागंज, नयी दिल्ली-110 002

फ़ोन : + 91 11 23273167, 23275710

शाखाएँ

अशोक राजपथ, पटना-800 004, बिहार

कॉफ़ी हाउस कैम्पस, महात्मा गांधी मार्ग, प्रयागराज-211 001, उत्तर प्रदेश

महात्मा गांधी अन्तरराष्ट्रीय हिन्दी विश्वविद्यालय, वर्धा-442 001, महाराष्ट्र

sales@vaniprakashan.in
vaniprakashan@gmail.com

Aawaaz Ek Ummeed Hai
by Nivedita

ISBN : 978-93-7112-508-6
Poetry Collection

मूल्य : ₹ 295

आर. टेक ऑफ़सेट, दिल्ली-110 032 में मुद्रित

वाणी प्रकाशन का लोगो मक़बूल फ़िदा हुसैन की कूची से

उन फ़िलिस्तीनी बच्चों के नाम जिनकी हँसी जंग के
मलवे में दफन हो गयी

अपनी बात

कविता एक उड़ान है, चिड़िया के बहाने
कविता की उड़ान, भला चिड़िया क्या जाने?
बाहर-भीतर,
इस घर, उस घर,
कविता के पंख लगाकर उड़ने के माने,
चिड़िया क्या जाने?

कविता एक खिलना है, फूलों के बहाने
कविता का खिलना, भला फूल क्या जाने!
बाहर-भीतर,
इस घर, उस घर,
बिना मुरझाए महकने के माने।

कुँवर नारायण की कविता पढ़ते हुए लगा, जैसे इन कविताओं में मेरे भी स्वर हैं–जैसे कविता के सारे रंग झरते हुए मेरे भीतर मौजूद हैं। कविता लिखते हुए मैंने जीवन के सारे रंग देखे हैं। मैं जानती हूँ, कविता अँधेरे और उजाले के बीच अपने लिए रास्ता चुनती है। जब दुनिया में इतनी ग़ैर-बराबरी हो, अँधेरा हो, हिंसा और युद्ध के बीच मनुष्यता को मरते हुए हम देख रहे हों–ठीक उसी समय कविता हमें बचा लेती है। संसार भर की कविता ने युद्ध के ख़िलाफ़ आवाज़ दी है, अँधेरे को

पहचानने की कोशिश की है, और मनुष्य द्वारा मनुष्य के शोषण के ख़िलाफ़ आवाज़ देने का दुस्साहस किया है।

दरअसल, जीवन जैसा है, हमारी कविता वैसी होती है। कविता में हम अपने समय में मनुष्य की स्थिति, उसके स्वप्न और उसके संघर्ष को देख सकते हैं। मैंने कविता लिखने के लिए कोई विशेष जतन नहीं किया। कविता ने ही दुनिया के तमाम सुख-दुख को देखने, पहचानने और उनके साथ खड़े होने की हिम्मत दी।

कविता जीवन के बीचों-बीच जाकर, आँच और ताप में झुलसकर सच कहने की हिम्मत करती है। वह साधारण लोगों के जीवन की गाथा कहती है। आप पायेंगे कि कविता में किसान, मज़दूर, पेड़, पौधे, पक्षी, जानवर के साथ-साथ प्रेम भी हर जगह मौजूद है।

मेरा विषय प्रेम ही है। मैं जानती हूँ कि इस दुनिया को प्रेम ही बचा सकता है। "आवाज़ एक उम्मीद है"–यह संग्रह आपके हाथ में है। आप तय करेंगे कि ये कविताएँ आपके दिल के क़रीब हैं या नहीं। मेरे लिए कविता एक उम्मीद है। कविता मेरे दुख के भीतर रहती है। कविता के बहाने मैं जीवन को बहुत नज़दीक से देख पाती हूँ। हम भूख का चेहरा देखते हैं, मौत और युद्ध का चेहरा, सत्ता का चेहरा।

मुक्तिबोध कहते हैं–"कविता आत्मा का गुप्तचर होती है।" मैं चाहती हूँ कि मेरी कविता और मनुष्यता के बीच गाढ़ी दोस्ती बनी रहे। अपने समय के विचलनों और उद्‌देलनों से गुजरते हुए, मेरे पास कविता बची रहे।

इस संग्रह के लिए छोटी बहन, दोस्त और वाणी प्रकाशन की "सीईओ" अदिति माहेश्वरी का शुक्रिया, जिसके बिना ये कविताएँ आपके पास नहीं होतीं। मेरी ज़िन्दगी की तमाम कविताओं के लिए मेरे पिता ज़िम्मेदार हैं। 90 वर्ष की उम्र में भी वे हर रोज़ मुझसे पूछते रहते हैं–"तुम लिख रही हो?" कभी-कभी मैं झुंझला जाती हूँ, लेकिन जानती हूँ कि मेरी कविता उनसे जुड़कर मेरे भीतर बसती है। उनका होना, मेरी कविताओं का धड़कना है।

मेरा यह संग्रह उन फ़िलिस्तीनी बच्चों के नाम है, जिनकी सामूहिक हत्या युद्ध के नाम पर की गयी। जो दुनिया अपने बच्चों को बचा नहीं सकी, उस

दुनिया को मर जाना चाहिए। मैं शोक में हूँ और याद करती हूँ उन बच्चों को, जो ख़ून से भीगी ज़मीन में सो रहे हैं।

दुनिया जब बम और बारूद के ढेर पर बैठी हो, तो कैसे यक़ीन हो कि हम बचा लेंगे

बच्चों को–
उसकी दुनिया,
उसकी गेंद,
उसकी किताबें,
उसके स्वप्न–
सब रक्त से भीगे हैं।

अनुक्रम

माँ

कितनी सुन्दर दिखती है माँ
खुली धूप में ऐनक चढ़ाये किताब में खोयी हुई
मुझे उसकी साड़ी
नदियों की तरह दिखती है
जिसमें असंख्य सूत की डोरियाँ हैं
कभी-कभी मेरे पैर उलझ जाते हैं, और
आकाश उलट जाता है
सफ़ेद लिबास में
सारे अक्षर चाँद को थामे उतर रहे होते हैं
माँ कुछ लिखते हुए हँसती है और तारे उसके सिरहाने उतर जाते हैं
उसकी रौशनी में माँ का चेहरा दमकता है
जैसे अभी-अभी कोई कविता उसकी पकड़ में आयी हो
फिर दोनों सहेलियों की तरह शब्दों से खेलती हैं
कविता कभी गुम हो जाती है, कभी ख़ामोश कभी हवा की मानिंद ज़ोर से
झूमती है और माँ का जूड़ा खुल जाता है
मैं चुपके से देखती हूँ माँ को
पास से ग़ुज़र जाती हूँ
उसे कुछ ख़बर नहीं होती
बस सुबह होने के पहले वो लिख लेना चाहती है
तमाम स्त्रियों का इतिहास
उन स्त्रियों के बारे में जिसने सबसे पहले पानी की खोज की होगी

जिसने सबसे पहले लोहा ढूँढ़ा होगा
और जिसने सबसे पहले आग ढूँढ़ी होगी
फिर इस सदी में ऐसा क्या हुआ कि
हवा, पानी, आग और लोहा उससे छीन लिया गया
माँ ने लिखा पानी!
एक नदी
उसके सामने भर गयी
एक नाव
आकर तट से लग गयी
माँ ने लिखा लोहा!
दरवाज़े पर लगे सभी साँकल खुल पड़े
माँ ने लिखा आग!
सभी औरतें आग लिए
घर की देहरी को लाँघते चल पड़ीं
पहली बार मैंने आग को कविता में बदलते हुए देखा

सितारे

हमारी आँखों से ओझल हो रहे हैं सितारे
नक़ली रौशनी की धुन्ध में छिप गये हैं
अब काली और घनी रात नहीं है
रौशनी के युद्ध में जुगनुओं की तरह
टिमटिमाते तारे खो रहे हैं
क्या हमारे बच्चे जान पायेंगे कि अलग-अलग शहरों की पीठ पर कैसे
चमकते थे तारे?
क्या वे जानते हैं हमारी आकाशगंगा में लगभग एक ख़रब तारे हैं और
ब्रह्माण्ड में ऐसी लगभग दस ख़रब आकाश गंगाएँ हैं।
क्या है इन तारों से भरी रात का रहस्य
किसी दिन बच्चे पूछेंगे किस मुल्क में तारे उगा करते थे
कहाँ हैं वे
क्या कहेंगे हम उनसे
कि हम बचा नहीं पाये उन्हें
ज़िन्दा, धड़कते हुए तारों को
मुहब्बत के नग़मे गाते हुए तारे
आसमान से गिरते तारे
ये सब सिर्फ़ अब हमारी स्मृतियों में होगा
कंक्रीट होते शहर में अब तारों के लिए कोई जगह नहीं
उन क़िस्सों के लिए भी नहीं
जिनके साथ हमने बचपन गुज़ारा था

ना अब आसमान में स्वेटर बुनती बुढ़िया होगी
ना ही उन अभागे बच्चों की माँ जो मृत्यु के बाद रात में तारे बन बच्चों को देखा करती थी
ना वो कवि होगा जिसकी बाँह पकड़े तारे ज़मीन पर उतर आते थे
हम सभ्यता की किस मोड़ पर खड़े हैं जहाँ से विदा ले रही है प्रकृति!

यात्रा

करते हुए
कितनी चीज़ें साथ-साथ चलती हैं
और वर्षों तक बसी रहती हैं स्मृतियों में
नदी के किनारे लगे असंख्य चम्पा के फूल
रेखाओं सी ऊपर-नीचे उतरती पगडंडी
ताश के पत्ते सी सलेटी सड़कें
पहाड़ियों पर रेंगती धूप,
झील का नीला चेहरा
यात्राएँ अपना निशान छोड़ जाती हैं
उन जगहों पर ले जाती हैं
जहाँ से गुज़रे थे हमारे पुरखे
मैं याद करती हूँ फाहियान पिंगगयांग को
चीन से चलकर भारत आते हुए उन्होंने कितनी सादियाँ गुज़ारी होंगी
घनी आबादी वाले हमारे देश में
कितने स्वर सुने होंगे
कितनी बार चीन उनकी यादों में आया होगा
यात्रा करते हुए आप जानते हैं देश को
लोगों को उनके सुख, दुख को
जीवन को इस तरह देखने की इच्छा आसान नहीं है।
कैसे हमारे पूर्वजों ने पहाड़, नदियाँ, जंगल और हज़ारों मील के रास्ते तय किये होंगे

क्या अतीत में की गयी
इन यात्राओं की गूँज सुनाई नहीं पड़ती
अक्सर रात के अँधेरे में मुझे निर्जन वन से पदचाप सुनाई पड़ते हैं
किस तरह लाद कर बौद्ध धर्म की सारी पाण्डुलिपि लाये होंगे
मैं उसी भारत को तलाश रही हूँ अपने भीतर
जिसमें पूरी दुनिया की सभ्यता बसती थी
हम कैसे सफ़र में शामिल हैं
कि नहीं बचा पाये अतीत में की गयी यात्राओं को
क्या वे लौटा सकते हैं प्रेम में डूबे रंग त्योहार
क्या वे फिर
मुहब्बत के रंग बना सकते हैं?
बना सकते हैं
एक ताजमहल
एक कुतुब मीनार,
मैं एक दूरबीन बनाना चाहती हूँ
गैलीलियो की तरह
जिससे
हम देख सकें पृथ्वी की आत्मा को और
अतीत में की गयी तमाम यात्राओं को

शाखों पर खिलते हैं फूल

जब ज़रा ज़िन्दगी हरी होती है
शाखों पर खिलते हैं फूल
मन हरियाता है
ठीक उसी पल
कोई हादसा मुस्कुराता है
ख़ुदा तुम पर यक़ीन होता
तो सोचती तुम्हारी मर्जी है इसके पीछे
तुम शायद इंतहान ले रहे हो
पर इंतहान ज़िन्दगी लेती है
मैं पर्चे खोल के बैठी हूँ
कोई शब्द नहीं
कोई रंग नहीं
खाली हैं दिल
जानती हूँ कि हार जाऊँगी
फिर भी
आँखों में है बसन्त की उम्मीद
हरे-हरे बाँस से भर जायेगी पृथ्वी
सूरजमुखी के फूल खिल उठेंगे
तुम फिर आओगे मेरे पास ज़िन्दगी

यादें

कभी-कभी बेवजह आँखें भर आती हैं
बेवजह कोई याद आता है
रात जागती है
तारे उदास टिमटिमाते हैं
आसमान में सतरंगा इन्द्रधनुष पिघल जाता है
फूल खिलते हैं शाखों पर
कोई नदी पास बहती है
दूर चरवाहा बाँसुरी बजाता है
दुख की पगध्वनि आती है
आँसू के कतरे
गिरते हैं
कई हाथ भरोसे से थाम लेते हैं
दुख
धीरे-धीरे
उतरता है
भीगी आँखों से विदा होता है
ज़िन्दगी फिर अपनी राह लेती है

मणिपुर की औरतों के नाम

मैं भरे चौराहे पर खड़ी हूँ निर्वस्त्र
सिर्फ़ मणिपुर नहीं
दुनिया की सारी स्त्रियों ने
नोच दिये हैं सभ्यता के कपड़े
लाल-लाल ख़ून के थक्के गिर रहे हैं
लाल रंगों से भर गयी है धरती
इतिहास-ग्रन्थों में फिर से नहीं लिखने देंगे हम द्रौपति का चीर हरण
आँखों पर पट्टी बाँधे का-पुरुष का ये खेल बहुत हो चुका
हमारे हाथों में बारूद है
और
आँखों में ख़ून
हम इतिहास नहीं हैं
हम देश हैं
ज़िन्दा धड़कती हुई औरतें
हमारी देह पर अब युद्ध नहीं होने देंगे
हम जाति
और धर्म के गुलाम नहीं हैं
हम बरस पड़े हैं
दहक रहे हैं
सितारे टूट कर गिरते हैं
आओ

दरिया की तरह! समुद्र की तरह!
हथौड़ा अब भी चलता है, हँसिया की धार तेज़ करो इमा!
हल चलाओ चीख़ती धरती पर
कहो नहीं भूलेंगे हम अपमान
क़त्ल हुए जज़्बात की क़सम खाकर
आग उगलती हुई नज़रों की क़सम खाकर
कहो
दुनिया से नर पशु को ख़त्म करेंगे
हम अपने रक्त से नया इतिहास रचेंगे
हम लड़ेंगे जब तक
दुनिया औरतों को मनुष्य नहीं मानती

मिलेंगे हम शिरोइ पहाड़ियों में

जब काले मेघ बरसेंगे
जब डालियों पर सुर्ख़ फूल खिलेंगे
और पहाड़ों के बीच नदी बहेगी
मिलेंगे शिरोइ लिली के सतरंगी आभा में
उसी नदी के किनारे
सुनेंगे हज़ारों साल का रूदन
और जानेंगे उस इतिहास को
जहाँ से हिंसा की जड़ें विकसित हुई
दुख से कुछ नहीं बदलेगा
बदलना होगा घृणा के विचार को
अपने भीतर संजो के रखना होगा ग़ुस्से और तकलीफ़ को
हम बहनें सातों दिशाओं से बहते हुए आयेंगे
हम बताएंगे क्या हुआ हमारे साथ
कैसे धरती
को रौंदा गया
कैसे सत्ता ने हमारी संस्कृति को नष्ट किया
मीतई
बिष्णुप्रिया
नागा और कूकी-चिन जनजातियाँ
क्या जानते हो तुम इनका इतिहास
क्या वे सब अभी तक बचे हुए हैं

हिंसा की इस आग में
कौन जल रहा है
हिंसा की तैयारी
और हिंसा की ताक़त
अगर नहीं पहचानते
तो यह देश घृणा की आग में जलेगा
और तुम स्त्रियों की देह पर इसका बदला लोगे
घृणा अब ज़्यादा ताकतवर है
फिर भी मैं क्यों याद कर रही हूँ तुम्हारा चेहरा
तुम्हारी आँखें
तुम्हारे आंसू
इस बदरंग दुनिया में
मेरे पास तुम्हारे शब्द ही तो बचे हैं
जो भीग रहे हैं दुख से
मेरी बहनें
हम मिलेंगे
बादल के टुकड़ों के साथ
झम-झम बरसेंगे मेघ
धरती हरी होगी
शिरुई पहाड़ पर फिर खिलेंगे लिली के फूल

एक स्त्री का जाना

एक स्त्री जाती है
तो उसे सबसे ज़्यादा याद घर की दीवारें करती हैं
वे धूल कण जो बुहार दिये जाते हैं
और रसोई जहाँ से ख़ुशबू तैरते हुए हमारे दिलों तक आती है
दिल है जो पेट के रास्ते जाता है
दिल को दिल के रास्ते ही जाना चाहिए
लोग कहते वो होती तो घर साफ़ होता
दीवारें चमचमातीं
स्वाद ही स्वाद होता
कोई नहीं जानता
रसोई की गन्ध से अलग उसकी एक दुनिया थी
अक्षरों में बसी हुई
सुन्दर मोती जैसे अक्षर
जिसे सहेज कर उसने अलमारी में रख दिया था
रात होती और चाँद उसकी खिड़की के पास आता
सारे अक्षर एक-एक कर बाहर निकल आते
फिर वे एक-दूसरे से इस तरह मिलते जैसे बरसों बिछड़े दोस्त मिलते हैं
उसके शब्द बाहर आते
कविताओं के साथ
उन कविताओं में उसकी दुनिया होती
जो उसके भीतर बड़ी होती

शहर जब सो रहा होता तो वो
लिखती
चाँद की देह रौशनाई से नीली हो जाती
शब्द पुकारता जंगल को
और बारहसिंगे बाहर निकल आते घनी झाड़ियों से
हवा ख़ूब शोर करती
शहद की मक्खियाँ मुँह में रस भरे
उड़ जातीं
उसकी क़लम मिट्टी के रास्ते किसानों के पास पहुँच जाती
जहाँ गन्ने के खेत से जो रस निकलता उसके शब्दों में घुल जाता
लोग आहें भरते
कहते भली स्त्री थी
मीठा बोलती थी
चली गयी
काँधे पर जाते हुए लोग भीगे गले से कह रहे थे
राम नाम सत्य है
मैं उसके आलता लगे पैरों को निहार रही थी
जैसे घनी धूप में गुलमोहर के फूल झरते हैं
जैसे उसने अपनी कविताओं से धरती को लाल रंग में रंग दिया हो

माँ की रसोई

अक्सर माँ रसोई में होती है
आप कहेंगे उसमें नया क्या है
जानें कितनी सदी से रसोई माँ की है
पर मैंने माँ की रसोई को बदलते देखा है
रसोई के बाहर एक बड़ी दुनिया है
जिससे
हवा अन्दर और बाहर आती है
धूप दीवार पर
चढ़कर चित्र बनाती है
माँ देखती है उन्हें
उसे संगीत सुनना पसन्द है
जो धमनियों में बजता है,
उसे ये सोचना अच्छा लगता जब एक नदी
उसके सामने भर जाती
एक नाव
आकर किनारे लगती है,
कई बार उसका रसोई घर
कई दरवाज़ों में तब्दील हो जाता है
और हर दरवाज़े से वो पूरी की पूरी रात बाहर खुले मैदान में भागती रहती है

मैं अक्सर उसके पास बैठ जाती हूँ,
उसकी आँखें देखती हूँ
खाबीदा आँखें
बाल खोले हुए ऐनक लगा कर किताब पढ़ती हुई मेरी माँ कहीं दूर देख रही होती है
किताब पढ़ते हुए, किताब में उतर जाती है
एक दुनिया से दूसरी दुनिया में घूमते हुए
वापस घर आती है
जब आती है तो उसके साथ होती हैं
कई जन्मों की स्मृतियाँ
रसोई की गाथा
जहाँ से चलते हुए कई पीढ़ी यहाँ तक पहुँची
जहाँ फूलों से लदे पेड़ थे
और इतनी महक थी–
कि साँसों से भी महक आती थी
बड़े-बड़े गाछ
गाँव का पोखर
जिसका नीला और शफ़्फ़ाफ़ पानी
दूर तक दिखता था–
अक्सर माँ के साथ मैं वहाँ खड़ी होती थी
उस पानी में माँ का चेहरा झिलमिलाता था
झुण्ड की झुण्ड
साइकिल चलाते हुए स्कूल जाती हुई लड़कियाँ देखकर वो कितने हुलस कर मुझे देखती है
और एक पूरी पीढ़ी का दर्द उसकी आँखों में उतर आता हैं
मुझे उसकी आँखें याद रहती है
हम एक-दूसरे को जानते हैं अच्छी तरह

वो मेरे भीतर ख़ुद को टटोलती है
और अपने ही भीतर
मुझे पा लेती है
हम दोनों हँसते हुए भागते जाते हैं
एक माँ का एक माँ तक का ये रोमांचक सफ़र
किसी ने नहीं देखा

काकी

बहुत दिनों बाद आयी हूँ यहाँ
मेरी आँखें ढूँढ़ रही हैं तुम्हें
जानती हूँ तुम नहीं हो
फिर भी
बार-बार लौटती हूँ तुम्हारे पास
पुरानी चीज़ें–सड़कर बेदख़ल हो गयी हैं
घर थोड़ा सिकुड़ गया है
तुम्हारे हाथ से जन्म लिए पेड़ अब भी साँस ले रहे हैं
मुझे तुम्हारा ख़याल आया–काकी
कितना जानती थीं तुम चीज़ों के बारे में
घास की क़िस्मों के बारे में
तो कई मछलियों के बारे में
और
दुनिया के बारे में
पर मैं जानती हूँ
जुदाई के नाम
जानती हूँ किसी के जाने के बाद
का सूनापन
अक्सर मैं रात को निहारती हूँ
और सोचती हूँ बचपन के क़िस्सों के बारे में

कि प्रिय लोग कभी जाते नहीं
आसमान में तारे बन निहारते हैं हमें
काकी तुम निहार रही हो हमें
ऐसा ही सोचना चाहती हूँ
और मेरी छाती पर इन दीवारों के बोझ के बावजूद
मेरा दिल दूर से, दूर सितारे के साथ धड़क रहा है

खिलते हैं मोगरे के फूल

रात मुहब्बत के पंखों पर सवार नहीं आती
थकी हुई साँसों में तुम्हारा ख़याल भर रहता है
देह गर्म लावा नहीं है
फिर भी
धड़कता है दिल
जब कभी तारे सुदूर आकाश में काँप रहे होते हैं
रात की हवा गाती है
पेड़ों पर सफ़ेद चाँदनी झरती है
मेरे मन में खिलते हैं मोगरे के फूल
मैं हवा में तितलियों की तरह पंख पसार उड़ती हूँ
उम्र के पाँव हल्के होते जाते हैं
मैं लौट आती हूँ
तुम्हारी देह नदी बन जाती है
मैं नदी में तैरती हूँ धीरे-धीरे
रात देह की बँधी नावों को खोल देती है
बारिश अपने कपड़े उतारती है
मैं डूबती हूँ
भोर के जलते तारे
मुझे सुला देते हैं
कितनी निश्चिन्त हूँ मैं
तुम यहाँ हो
मेरे प्रिय

हुक्म है बादशाह का

बादशाह का हुक्म है कि
इस देश को जैसा उसने देखा वैसा ही देखा जाय
ईश्वर के पवित्र प्रार्थना के नीचे तमाग तकलीफ़ के स्वर दबा दिये जायें
बादशाह नहीं जानता जब ज़ुबान पर पहरा हो, तो दिल से नयी धुनें फूट पड़ती हैं
जैसे अँधेरे से उगती है रोशनी
जैसे रात के बाद आती है सुबह
और जैसे धरती की मिट्टी से उगती है फ़सल
बादशाह का एलान है कि जनता वो भाषा चुने
जिस भाषा को बादशाह समझ सके
बादशाह का कहना है उनके द्वारा बनायी गयी भाषा में बहुत रस है, रंग है
जय-जयकार है, उदघोष है
इस भाषा में सत्ता का स्वाद है
बादशाह का हुक्म है कि
जनता अपने इतिहास की चर्चा नहीं करे
कोई ये नहीं जाने कि
कैसे ज़मींदोज़ हुई बाबरी मस्जिद
और कैसे बना वहाँ भव्य मन्दिर
नाइन्साफ़ी का ज़िक्र नहीं किया जाये
कि इन्साफ़ कोई शब्द नहीं है
बस एक तराज़ू है

जिसका एक पलड़ा झुका रहता है
कि इस देश का प्रधानमन्त्री ही संविधान है
वो जो बोलता है
उसे न्यायालय का फ़ैसला समझा जाय
बादशाह नहीं जानता
जब अँधेरा गहरा हो
तो संविधान जलती हुई हरी लपट है
भय, पीड़ा में डूबे
नगर के लिए न्याय की उम्मीद है
बादशाह हैरान है कि
अभी भी मनुष्यता बची हुई है
लोग बाँटते हैं आपस में
आशाएँ और दुख
लोग सुन पा रहे हैं
झरनों की अन्तहीन गड़गड़ाहट
नदी के गीत
बादशाह डरता है
कि ये थके, हारे, डरे हुए मूक लोग
कहीं एक दिन उनकी भाषा सुनना बन्द न कर दें
एक दिन वे समझ न जायें सत्ता की सारी चालाकियों को
उसकी भाषा में रची गयी तमाम हिंसा के ख़िलाफ़
वे निकल आयें
और एक दिन आसमान लाल लपटों से भर ना जाय

युद्ध के विरुद्ध कविता

जब लहू आँखों से टपकता हो
जब बच्चे ख़ून से लिथड़े हों
जब भूख से पूरा देश मर रहा हो
तब भी क्या प्रेम बचा रहेगा
मैं डरती हूँ
अगर अचानक
बच्चे हँसना बन्द कर दें
बन्द कर दें रोना
कितना भयावह होगा वो समय
जैसे पुराने सुने शोकगीत, पुरानी प्रार्थनाएँ
क्या ईश्वर अब भी होगा उनके बीच
दुख की इस तेज़ लहर में
क्या मेरे शब्द प्रेम में रंगे होंगे
क्या प्रेम बचा लेगा देश को
बच्चों को
मेरे हृदय पर आँसुओं की वर्षा हो रही है।
मलबे का गड्ढा, बचे हुए लोगों की शोक में डूबी आँखें
सब कुछ निगल लिया युद्ध ने
लहू से भीगे मन में
धधक रही है आग
बच्चों की सूखी आँखें याद आती हैं

बम और धमाके के बीच लोगों का रुदन
दूर देश से तैरते हुए पहुँचता है
हवा में असंख्य लाशों के जलने की बू है
उनमें लिपटी अतीत की परछाइयाँ
बारूद और बम के बीच लहूलुहान बच्चे
कितना लम्बा है ये दुख और पागलपन
कैसे ये दुनिया सुकून की नींद सो सकती है
हे प्रेम तुम्हें बुलाती हूँ अपने बच्चों के लिए
मैं अपना गीत तुम्हारे पास रख आयी हूँ
तुम जाना उनके पास
चुम्बनों के क़ब्रिस्तान में
जहाँ क़ब्रों में अब भी आग बाक़ी है,
अभी भी फलदार टहनियाँ जल रही हैं, पक्षियों की बे
आवाज़ इस दुनिया प्रेम तुम जाना
तुम उस बच्चे के पास रहना जिसने
अभी-अभी अपनी माँ को क़ब्र में सुलाया है तुम उनकी आँखों में नींद भर
देना, तुम्हारी बाँहों में प्यास और भूख के साथ भी
दु:ख बह जायेगा
प्रेम तुम रहना उनके पास
जब तक ये दुनिया बच्चों के साथ नहीं होती

युद्ध-2

उन तमाम दृश्यों को मैं भूलना चाहती हूँ
भूलना चाहती हूँ बम के धमाके और ख़ून में पड़े बच्चों की लाश
मिट्टी के मलवे में धँसी माँ को पुकारे जाने की आवाज़
बच्चों की काँपती देह
हर दृश्य मेरे भीतर ख़ौफ़ पैदा करता है
सोचती हूँ कहीं अगर ये मेरा देश होता!
अगर ये मेरे बच्चे होते!
अगर ये मेरे लोग होते!
जानती हूँ ये देश मेरा नहीं है
ये बच्चे मेरे नहीं हैं
सिर्फ़ ये कह देने से क्या हम मुक्त हो सकते हैं?
दुनिया के प्रधानमन्त्री अपना-अपना पक्ष रखते हैं
बेशर्मी और निर्ममता से कहते हैं कि अस्पतालों पर हुए हमले के लिए
हम ज़िम्मेदार नहीं
मुझे घिन आती है उनके बयान से
मुझे घिन आती है ऐसे प्रधानमन्त्री के चेहरे से
जो समझते हैं
देश उनके पाँव के नीचे हैं
वे जब चाहें उसे मसल सकते हैं
मलवे की ढेर में सोये बच्चे नींद में अपना बिस्तर तलाशते हैं
अपना घर

वे खिलौने जो पिता ने दिये थे
इस बर्बाद देश में
कौन किसे राहत दे
हवा क़ब्र को सहलाती है
नन्हें बच्चों के क़ब्र की मिट्टी ख़ून से लाल है
मुझे माफ़ करना बच्चों
मेरी कविता तुम्हें बचा नहीं सकती
मुझ में कोई बाज़ीगरी नहीं है शब्दों की
ये दुख है मेरा
मैं जानती हूँ
मेरी कविता लाचार और शक्तिहीन है
तुम कहोगे वो कविता क्या
जो बचाती नहीं देश को लोगों को
हाँ मुझे दुख है मेरी कविता
कोई आवाज़ नहीं देती
वो भी पड़ी है मेरे सिरहाने
ख़ून से लथ-पथ

युद्ध-3

तुम्हारे गीत मेरे कानों में गूँज रहे हैं मैथ्यू पॉल मिलर
उन तीन हज़ार लोगों के गाने की क़तार में मैं भी शामिल हूँ
'वन डे' ये शब्द तुमने ही रचा है
एक दिन जब हम युद्ध की दुनिया से बाहर होंगे
हाँ एक दिन जब हमारे बच्चे लहू से भीगे नहीं होंगे
एक दिन जब फ़िलिस्तीन को उनका मुल्क मिल जायेगा
एक दिन जब इज़रायल और फ़िलिस्तीन दोस्त होंगे
ये सोचना कितना सुन्दर है
मैथ्यू पॉल मिलर
पर मैं बच्चों की डरी आँखें देख रही हूँ
बम और धमाके के बीच शहर और लोगों को उजड़ते देख रही हूँ
इतनी दूर हूँ उनसे
पर युद्ध जैसे मेरे भीतर है
तमाम चीख़ें और
उजड़ते लोगों के दृश्य
के साथ मैं कैसे रह सकती हूँ
मुझे प्रिय कवि सर्वेश्वर दयाल सक्सेना की कविता याद आ रही है
यदि तुम्हारे घर के
एक कमरे में आग लगी हो
तो क्या तुम
दूसरे कमरे में सो सकते हो?

यदि तुम्हारे घर के एक कमरे में
लाशें सड़ रही हों
तो क्या तुम
दूसरे कमरे में प्रार्थना कर सकते हो?
यदि हाँ
तो मुझे तुम से
कुछ नहीं कहना है
मैं बार-बार दुहराना चाहती हूँ अपने प्रिय कवि की कविता
मैं तुम्हारे गीत पर यक़ीन करना चाहती हूँ
पर मेरे भीतर सब कुछ उबल रहा है
मैं जानती हूँ
युद्ध कोई एक देश नहीं लड़ता
युद्ध राजनीति है
भयानक राष्ट्रवादी अभियान है
देश के झण्डे में लिपटा हुआ बच्चों का शव है
दुनिया में किसी युद्ध से अब तक किसी मसले का हल नहीं निकाला
युद्ध से हिंसा, रक्त आँसू और घृणा का ही संचार हुआ
मेरे दोस्त
चाँद के चेहरे पर धब्बा बड़ा हो गया है

मैं हूँ ईश्वर

रात को जब तारे टिमटिमाते
माँ कहती ईश्वर ने लालटेन जलाई है
मैं पूछती माँ ईश्वर कहाँ है?
ये तो हमारे खगोलीय पिंड हैं
माँ हँसती
कहती
ईश्वर हमारे भीतर है
माँ ये बात यक़ीन से कहती
और मुझे मेरा ईश्वर माँ की तरह दिखता
रात के तारे बुझते और टूटकर आते पृथ्वी पर
मैं जानती थी उसका रहस्य
माँ टूटते तारों को देखकर कहती
आज ईश्वर का दिल टूटा है
मैं जानती हूँ ये दुख मेरी माँ का है
सालों पहले बाबा गये थे फ़ैक्ट्री
लौट कर कभी नहीं आये
उस साल कारख़ाने में आग लगी थी
कई मज़दूर ज़िन्दा जल गये थे
माँ अपने ईश्वर के साथ
कारख़ाने के मालिक से मिली थी
कि उसे मुआवज़ा मिले

मालिक से उसे खदेड़ दिया था
माँ ने कहा था मेरा ईश्वर तुम्हें सबक सिखायेगा
बहुत ज़ोर से हँसा था मालिक
उसने कहा था यहाँ का ईश्वर मैं हूँ
माँ लहूलुहान पड़ी रही थी अपने ईश्वर के साथ
मैं जानती हूँ ईश्वर के होने का दुख
जब कोई तानाशाह ख़ुद को ईश्वर मान बैठता है
तो ईश्वर कितना निरीह लगता है
ईश्वर और तानाशाह की कभी बनी नहीं
आसमान में फिर तारे टिमटिमाये
तारों भरे आकाश को देखते हुए माँ ने कहा
ये कितनी सुन्दर रात है
इसे ईश्वर ने बनाया
हमारा ईश्वर हमारे जैसा है
हमारे दुखों से बना है
मैं देख रही थी अपनी माँ को जिसके चेहरे
पर दुख की लकीरें थीं और उसका ईश्वर उसे सहला रहा था
माँ अपने ईश्वर की गोद में सो रही थी
तानाशाह
अब और भयावह स्वर में चीख़ रहा था
मैं हूँ ईश्वर!

ईश्वर विलीन हो गया

एक दिन एक देश के प्रधानमन्त्री को ये ख़याल आया कि वो ईश्वर है
उसने प्रजा को ख़बर किया
कि आज से सब उसकी पूजा करें
बखान करें उनके गुणों का
वह बहुत डरा हुआ था
उसे अपना सिंहासन डोलता हुआ महसूस होता
वह चीख़ता
कहता
कि अगर ईश्वर नाराज़ हुए तो
भारी अनिष्ट होगा
जिन लोगों को उसके ईश्वर होने पर सन्देह था
उसके घर रौंद दिये गये
पत्थर काटकर राह बना रहे मज़दूरों
पर बुलडोजर चलाया गया
किसानों के खेत जला दिये गये
ये करते हुए तानाशाह ने कहा देखो मैं ईश्वर हूँ
कितना ताक़तवर हूँ
बच्चे हँसे इस झूठ पर
उनकी सारी किताबें जला दी गयीं

स्त्रियों ने कहा उनका ईश्वर उनके साथ है
रात में स्त्रियों की आत्मा रौंद दी गयी
तानाशाह अब ईश्वर के मुखौटे में है
ईश्वर विलीन हो गया

अगर तुम चले आओ

अगर तुम चले आओ
कितने फूल खिल आयेंगे
कितने रंग निखर जायेंगे
कितना पास होगा चाँद
मैं तुम्हें देखती रहूँगी
एक अतृप्त मीठी प्यास के साथ
तुम्हारे होंठों पर मेरे होंठ दहकेंगे
रात पहाड़ तक चढ़ती है
पहाड़ और नदी के दरमियान
आग की तरह धधकते रहेंगे हम
प्रेम पीड़ा की छोटी-छोटी बूँदें हैं
और हम वहाँ जाते हैं ये जानते हुए
कि वो बेसुध ग़मज़दा
घूमती रहती है हमारे आस-पास
अचानक आत्मा से उगने लगती हैं
और भीतर छिपी चीज़ें दोबारा बाहर आती हैं
जैसे गहरे चीड़ों के बीच सुलझाती है हवा ख़ुद को
चाँद चमकता है
बर्फ़ पसर जाती है ज़मीन पर
अक्सर मैं नींद से जाग जाती हूँ

प्रेम विदा लेता है
मेरी आत्मा गीली होती है
नदी बहुत शान्त बहती है
मैं देखती हूँ उस दिशा को
जहाँ से अभी अभी उठ कर गये हो तुम

पिता

कितना बदल गया है पिता का चेहरा
बच्चे की तरह मासूम
मेमने की तरह कोमल
मेरी यादों में वे गठीले, मज़बूत बदन के आदमी हैं
जिनके कन्धे पर बैठ कर हम दुनिया देखते
मैं एक दूरी से अपने पिता को देखती हूँ
संघर्ष से तपी हुई देह
रौबदार चेहरा
कभी
प्रेम में डूबा हुआ सुर्ख़ तांबई चेहरा
उम्र उनकी देह पर उतरी है
मन पर नहीं
मन की कितनी शाखें हैं
हरी-हरी घनी-घनी शाखें
उसकी टहनियाँ दूर तक फैली हैं
कितनी चिड़िया और कितने पंख हैं
कितने रंग और फूल हैं
मैं देखती हूँ
उनके भीतर के चाँद को,
या झाँकती पतझड़ को
या हरे-हरे गाछ को

मैं छूती हूँ उन्हें
जैसे वे कोई झुर्रीदार दरख़्त हों
मुझे दुनिया की हर चीज़ उन तक ले जाती है
मानो हर मौजूद चीज़
में वे शामिल हों
उनमें कुछ भी बुझा नहीं है
प्रेम, राग, लय, ज्ञान
अतृप्त मीठी प्यास है उनके भीतर
जानती हूँ
एक दिन ज़िन्दगी से गुज़रती हवाएँ
मुझे हृदय के उस छोर पर छोड़ देंगी
जहाँ मेरी जड़ें हैं
और मैं जड़ों के पास रहूँगी
रक्त में जलती इच्छाओं और आँखों में
चमकते पागलपन के साथ
पिता रहेंगे मेरे पास
जैसे नमक के साथ पानी
जैसे मीठी निश्चिन्त गहरी नींद
मेरी उम्र अब पिता की उम्र को देखती है
रात के अँधेरे में जुगनू की तरह चमक उठती है
उनकी दुनिया में अब सबसे ज़्यादा किताबें हैं
उनकी हमराह, हमसफ़र
अक्सर कुछ भी पढ़ते हुए उनकी आँखें भर आतीं
जैसे दुनिया का सारा जल उनकी आँखों में ठहरा हो
कितनी तहज़ीब के समन्दर समेटे
पिता बैठे हैं सोच मगन
साँझ का सूरज डूब रहा है
उसकी पीली रोशनी की आभा में दमक रहे हैं
उनके चेहरे

आवाज़

शहर जागता है तो आवाज़ें जागती हैं
मैं नींद से जागते हुए सुनती हूँ उसे
एक लम्बी दूरी से
देखती हूँ उसे भागते हुए बिछौने से
शहर दर शहर भटकती है
गलियों में फेरा लगाते सब्ज़ियाँ बेचने वाले की आवाज़
लोहा पिघलाने की आवाज़
मछुआरे के जाल फेंकने और मछुलियों के फँसने की आवाज़
जैसे कोई नाटककार बार-बार अपना संवाद दुहराता हो
या कोई गायक मल्हार राग छेड़ रहा हो
क्या आप गिन सकते हैं कि फेरीवाले की आवाज़ में कितनी कम्पन है
स्वर साधक कहते हैं 490 बार कम्पित होने से निषाद स्वर निकलते हैं
320 बार कम्पित होने से गन्धार स्वर
फेरी वाला जाने कितनी बार आवाज़ देता है
साँझ होते उसकी आवाज़ में गहरी थकान होती है
मैं पहचानती हूँ थकी हुई आवाज़ को
जैसे पुराने सुने शोकगीत, पुरानी प्रार्थनाएँ
मैं हर रोज़ अपने शहर की
आवाज़ें सुनती हूँ
लाल लपटों सी आवाज़
संघर्ष में रचे हुए

दुख में भीगे हुए
हँसी में किलकते हुए
घेर लेते हैं मुझे
रचते हैं अन्तहीन शब्द
जीवन के साँझ में विदा लेते हुए
आवाज़ एक उम्मीद है
आँखों से बहती हुई
होंठों से लिपटी हुई
प्रेम में डूबी हुई आवाज़ें

मेरा प्यार

चमकीला है कन्दील जैसा
साधारण है एक छल्ले जैसा
धुआँ की तरह है जो भाप बन कर उड़ जाता है
और बारिश बन बरस पड़ता है

एकान्त के रंग

कभी-कभी एकान्त में कोई रंग छलक आता है
बिना कहे कोई राग बजता है
इतने आरोह-अवरोह
जीवन में आते-जाते रहते हैं
मन के तार अब भी बजते हैं
जैसे वसन्त आया हो
जैसे बैशाख का गया भादों लौट आया हो
वैसे ही लौट कर आता है मन बार-बार
घास की पत्तियों में बूँदें चमकती हैं
उम्र ढलती है मुहब्बत की पीठ पर
मन के भीतर फूल फिर खिलते हैं
पृथ्वी घूमती हुई लौट आती है
जैसे
जीते हुए हम बार-बार लौटते हैं प्रेम में

प्रेम के लिए

सोचती हूँ अगर मेरे कमरे में एक रौशनदान होता
तो हम पड़े-पड़े देखते चाँद को
आकाश तारों से भरा रहता
हम समुद्र की नीली लहर पर तैरते
और देखते जहाज़ को जाते हुए
मेरी आत्मा गीली होती
हमारे सपनों में होती हवा जो
मौसम बदल देती
बर्फ़ पसर जाती ज़मीन पर
प्रेम करते हुए आकाश हमारी आँखों में होता
और रात अपना छप्पर तान देती
सप्तऋषि आकाश गंगा में बैठ मुस्कुराते
पर देखो ना
इन सब के बिना भी जीते हैं हम
आटे, नमक, तेल की गन्ध के बीच
प्रेम करते हैं
सीलन भरी कोठरी में तुम्हारी देह एक नदी की तरह उफनती है
प्रेम करती हैं तुम्हारी आँखें
हँसते हुए कहती है
मेरी जेब खाली है
कल जीवन की शुरुआत कैसे होगी

लेकिन मैं तुम्हें
इससे भयभीत नहीं देखना चाहता
गुरबत हमारा प्रेम छीन नहीं सकता
हम मेहनत से अपनी फ़सल उगायेंगे
काम की तलाश में निकल पड़ेंगे
गरवीले डग भरते हुए
तुम्हारे साथ

सितारे

हमारी आँखों से ओझल हो रहे हैं सितारे
नक़ली रौशनी की धुन्ध में छिप गये हैं
अब काली और घनी रात नहीं है
रौशनी के युद्ध में जुगनुओं की तरह
टिमटिमाते तारे खो रहे हैं
क्या हमारे बच्चे जान पायेंगे कि अलग-अलग शहरों की पीठ पर कैसे चमकते थे तारे?
क्या वे जानते हैं हमारी आकाशगंगा में लगभग एक ख़रब तारे हैं और ब्रह्माण्ड में ऐसी लगभग दस ख़रब आकाश गंगाएँ हैं।
क्या है इन तारों से भरी रात का रहस्य
किसी दिन बच्चे पूछेंगे किस मुल्क में तारे उगा करते थे
कहाँ हैं वे
क्या कहेंगे हम उनसे
कि हम बचा नहीं पाये उन्हें
ज़िन्दा, धड़कते हुए तारों को
मुहब्बत के नग़मे गाते हुए तारे
आसमान से गिरते तारे
ये सब सिर्फ़ अब हमारी स्मृतियों में होगा
कंक्रीट होते शहर में अब तारों के लिए कोई जगह नहीं
उन क़िस्सों के लिए भी नहीं
जिनके साथ हमने बचपन गुज़ारा था

ना अब आसमान में स्वेटर बुनती बुढ़िया होगी
ना ही उन अभागे बच्चों की माँ जो मृत्यु के बाद रात में तारे बन बच्चों
को देखा करती थी
ना वो कवि होगा जिसकी बाँह पकड़े तारे ज़मीन पर उतर आते थे
हम सभ्यता की किस मोड़ पर खड़े हैं जहाँ से विदा ले रही है प्रकृति!

यात्रा

यात्रा
करते हुए
कितनी चीज़ें साथ-साथ चलती हैं
और वर्षों तक बसी रहती हैं स्मृतियों में
नदी के किनारे लगे असंख्य चम्पा के फूल
रेखाओं सी ऊपर-नीचे उतरती पगडंडी
ताश के पत्ते सी सलेटी सड़कें
पहाड़ियों पर रेंगती धूप,
झील का नीला चेहरा
यात्राएँ अपना निशान छोड़ जाती हैं
उन जगहों पर ले जाती हैं
जहाँ से गुज़रे थे हमारे पुरखे
मैं याद करती हूँ फाहियान पिंगगयांग को
चीन से चलकर भारत आते हुए उन्होंने कितनी सादियाँ गुज़ारी होंगी
घनी आबादी वाले हमारे देश में
कितने स्वर सुने होंगे
कितनी बार चीन उनकी यादों में आया होगा
यात्रा करते हुए आप जानते हैं देश को
लोगों को उनके सुख, दुख को
जीवन को इस तरह देखने की इच्छा आसान नहीं है।
कैसे हमारे पूर्वजों ने पहाड़, नदियाँ, जंगल और हज़ारों मील के रास्ते

तय किये होंगे
क्या अतीत में की गयी
इन यात्राओं की गूँज सुनाई नहीं पड़ती
अक्सर रात के अँधेरे में मुझे निर्जन वन से पदचाप सुनाई पड़ते हैं
किस तरह लाद कर बौद्ध धर्म की सारी पाण्डुलिपि लाये होंगे
मैं उसी भारत को तलाश रही हूँ अपने भीतर
जिसमें पूरी दुनिया की सभ्यता बसती थी
हम कैसे सफ़र में शामिल हैं
कि नहीं बचा पाये अतीत में की गयी यात्राओं को
क्या वे लौटा सकते हैं प्रेम में डूबे रंग त्योहार
क्या वे फिर
मुहब्बत के रंग बना सकते हैं?
बना सकते हैं
एक ताजमहल
एक कुतुब मीनार,
मैं एक दूरबीन बनाना चाहती हूँ
गैलीलियो की तरह
जिससे
हम देख सकें पृथ्वी की आत्मा को और
अतीत में की गयी तमाम यात्राओं को

पिता और किताब

तारों से भरी चैत मास की रात में पिता
चुपचाप ताकते हैं आकाश को
अनगिनत तारों के प्रकाश में उनका चेहरा किसी देवदूत सा लगता है
मैं देखती हूँ उन्हें अक्सर इस तरह कि
वे देख न पायें मेरे देखने को
पिता नज़रों को पहचान लेते हैं
वे जानते हैं उम्र फिसल रही है और मैं उन्हें अपनी मुट्ठियों में बाँध लेना चाहती हूँ
उनकी दुनिया में अब सिर्फ़ किताबें हैं
किताब उनके जीवन की मिठास है
मैं अक्सर पूछती हूँ आपका दिल नहीं भरता किताबों से
वे हँसते हैं
अभी तक यही एक चीज़ है जिससे दिल नहीं भरा
किताबें उन्हें कल्पना लोक में ले जाती हैं
जहाँ वे जाना चाहते हैं
हरसिंगार के वन में
हिमालय पर
बर्फ़ से भरी सफ़ेद पहाड़ियों पर
वे जानते हैं कि उम्र अब पहाड़ पर नहीं चढ़ती
पर किताबों से निकलकर हर्फ़ चढ़ते हैं पहाड़ों पर
एक शहर से दूसरे शहर की यात्रा करते हैं

गाँव के खेत, पठार पर भागते हैं नंगे पाँव
नदियाँ बहती हैं उनके भीतर
ओस-कण से भीगी हुई हवा उन्हें याद दिलाती है बीते दिनों की
फूलों की गन्ध
वहन करके ले आती है हवा
तब जाने क्यों पिता की बात मेरे मन में बहती रहती है
मैं सोचती हूँ उन चरवाहों के बारे में
उन मछुआरों के बारे में
और धान रोपती असंख्य औरतों के बारे में
और सोचती हूँ काम की थकान के बाद अगर ये औरतें खुले आकाश में
लेट कर किताब पढ़तीं
अगर चरवाहा कोई धुन बाँसुरी पर बजाता
और मछुआरे नाव की पतवार थामे कविता पढ़ते
तो सचमुच कितनी सुन्दर होती दुनिया
अगर पिता रहते हमेशा हमारे साथ
ये सोचकर मेरा कण्ठ रुद्ध हो गया।
आम के वन में झोंका आया
मंजरियाँ झर पड़ीं
मैंने आँखों में भर कर देखा पिता को
देखती रही अपलक!

मृत्यु

अगर तुम्हें आना हो तो आना
भोर के तारों के साथ
आना साँझ के उजाले में
झरते हुए फूलों के साथ
मुझे बेला के फूल बेहद पसन्द हैं अगर तुम आ रहे हो तो देखना मेरी सेज पर बेला के फूल हों और पाब्लो नेरुदा की प्रेम कविता
मुझे याद करने के लिए
पढ़ना पाश की कविता
और किसी भी नदी को याद कर लेना
प्रवाहित कर देना मुझे
अगर तुम्हें आना हो
तो पूरी धरती के हरेपन के साथ आना
जहाँ बाँसुरी की धुन पर
मेरे गीत थिरक रहे हों
और मृत्यु गान
गाते हुए मेरी आँखें प्रेम में डूबी हों
मैं रहूँ अपने प्रिए के पास
उसकी आवाज़, उसकी त्वचा, उसकी आँखें और मोतियाँ बिखेरती हँसी से मैं भीगती रहूँ

रात के अँधेरे में या दिन के उजाले में जब भी आना
ख़ुशबू से भीगे
सितारों के दीप्त पैरों के साथ
बसन्त सी पारदर्शी मेरी देह तुम्हारे लिए
मृत्यु!

मुझे माफ़ करना मेरी बच्चियाँ

उन तमाम लहू-लुहान रातों के लिए
उस भय के लिये जो तुम्हारी देह में उतरा
उस अन्ताहीन दुख के लिए
हर ज़ख़्म के लिए जो तुम्हारे मन में बोये गये
मुझे माफ़ करना
मैंने नहीं सिखाया अपने बेटों को
कैसे किसी स्त्री से प्यार किया जाता है
कैसे उसके दिल में उतरना होता है
कैसे दुख में कोई हाथ शीतल होते हैं
मैं उसे बता नहीं पायी एक स्त्री को पाने के लिए
कितने जतन की ज़रूरत है
एक स्त्री को पाना हिंसा से मुक्ति का रास्ता है
एक स्त्री को पाना लहरों के साथ-साथ बहना है
और कई बार उसके आने की आवाज़ आती है हवा उसके स्पन्दनों से
भरी होती है
उसके स्पर्श उड़ते हुए आते हैं
अँधेरे में खिले हुए फूल की तरह
वे अभागे हैं जो किसी स्त्री के मन के भीतर बस नहीं पाये
जो कभी जान नहीं पाये प्यार होने का मतलब क्या है

कैसे प्रतीक्षा करनी होती है
जब तक उसके मन के द्वार खुलें नहीं
मुझे माफ़ करना मेरी बच्चियाँ
मैं नहीं बता पायी
मनुष्य होना क्या होता है

तुम्हारे लिए

दिन की विदाई के साथ
तारे उग रहे हैं।
आकाश मोहक है।
अकेला चाँद अपने अनन्त
रहस्यों के साथ तुम्हारी आँखों में
काँप रहा है
मैं देख रही हूँ बीते बसन्त को
पतझड़ को
पीले पड़े हुए पत्तों को
पेड़ की शाखें इन्तज़ार करती हैं
पत्ते उगते हैं
हरे-हरे रंगों से भर जाते हैं
हमारा प्यार इसी तरह है
अपने हरेपन के साथ
हमारे भीतर रहता है
उम्र हँसती है
प्यार का रंग और गाढ़ा होता है
निवेदिता

अँधेरे से उजाले की ओर

जब घोर अँधेरा हो तो तुम कविता लिखना
लिख न सको तो पढ़ना
वे कविताएँ
जिसे पढ़ कर तुम्हारी आँखें चमक उठें
वे कविताएँ जिसमें
हर माँ की आँखें अपने बेटे नजीब को खोजती हों
जिसमें कामगारों, किसानों के दुख दर्ज हों
अगर कविता नहीं लिख सकते हो तो बनाओ
चारकोल से हमारे मछुआरों के चित्र
जो गहरे समुद्र में गोता लगाते हैं और गाते हैं मुक्ति के गीत
वे चित्र जो हमें ख़ुशियाँ दें
लहलहाते फ़सलों और गन्ने की मिठास से भर दें
तुम गाना गीत जो मशीनगनों को नग़मों में बदल दे
और मुक्ति के गीत हमारे लबों को छू लें
जब लड़कियों के दिल पिघल उठें और देश से डर निकल जाये
और अगर कुछ न कर सको तो लेना एक सफ़ेद काग़ज़
उस पर लिखना रोहित वेमुला का नाम
लिखना गौरी लंकेश का नाम
करना मनुष्य से प्रेम
जिन्हें सालों से मयस्सर नहीं हुई है गहरी नींद
जिनकी आँखों में डर बसा हो

कि जाने कब किस समय वे अपने घरों से उठा लिए जायेंगे
अगर बहुत डर लगता हो तो
याद करना आलोक धन्वा की कविता
गोली दागो पोस्टर को
तुम्हें ताक़त देगी किसी ताज़ा संगीन लौ के मानिंद
और अगर तुम थक गये हो तो याद करना पाब्लो नेरुदा की प्रेम कविता
जहाँ भूख भी है, रोटी भी और संघर्ष भी
जहाँ वे कहते हैं "दुःख की तुम्हारी आँखों की कोर से
पैदा हुई है मेरी आत्मा
तुम्हारी इन्हीं शोक की भरी आँखों से
शुरू होती है सपनों की धरती"

बसन्त

फिर बसन्त आया
पेड़ रंगों से भरे गये
सावन के गगन को ढाँककर
घने बादल उमड़ रहे हैं
पहाड़ों से धूप पिघलने लगी
बसन्त का हरापन मेरे दिल में पसर गया

मासूम बच्चों के नाम जो मारे गये पाकिस्तान में

अम्मा मैं भाग कर तुम्हारे पास आना चाहता हूँ
अम्मा मैं नहीं जानता ये कौन लोग हैं
उनके हाथों में बड़ी-बड़ी मशीनें हैं
मुझे डर लग रहा है
ये खिलौने सा नहीं दिखता
हम भाग रहे हैं स्कूल के अहाते में
तितलियों के पीछे
गेंद को हवा में उछालते
अम्मा अभी-अभी तुम्हारे हाथों की बनी नर्म रोटियाँ खायी हैं
अम्मा वे ले जा रहे हैं हमें
अम्मा ये कौन लोग हैं
हमें क्यों मारना चाहते
अम्मा तुमने कहा था कि बहादुर बच्चे डरते नहीं
हम डरना नहीं चाहते
बस एक बार तुम्हें देखना चाहते हैं
अम्मी
मेरी प्यारी अम्मी

तुम्हारी हँसी

अभी-अभी तो तुम खिलखिला रहे थे
और यक-ब-यक ख़ून से रंग गयी मिट्टी
सूरज बूँद-बूँद टपक रहा था
तुम्हारे जूते, टिफिन बॉक्स, और नीले-पीले रंगों से भरी पेन्सिल
सब धरती पर बिखरे पड़े हैं
मेरे बच्चे
तुम्हारे बग़ैर ये दुनिया
हो नहीं सकती
मौत के इस अनन्त जंगल में
मुझे यक़ीं है कि तुम धरती पर उग आओगे
वह शैतान ख़त्म नहीं कर सकता
फूलों की ख़ुशबू, लहलहाती फ़सलें और ज़मीन की नमी
गुलाब की झाड़ियों के नीचे अभी भी रखी तुम्हारी गेंद
मेरे बच्चे
सबसे काले दौर में भी हमें तुम्हारी हँसी
जीने का साहस देती है
मैं जानती हूँ
तुम फिर उग आओगे सब सब्ज़ ज़मीन पर
देखो मेरी छाती दूध से भर गयी है
पूरी दुनिया दूध की नदी में बदल गयी है
नदियाँ उफन रही हैं
उफन रही हैं.....

मज़दूरों के नाम

1.

बारिश की तरह आते हैं वे
झमाझम बरसते हैं खदानों में, खेतों में
बाढ़ की तरह बहा ले जाता है मालिक
मज़दूर
रोटी में बसे रहते हैं

2.

इस तपती धूप में
भूखे प्यासे
मीलों चल रहे हैं
कोई तो आँगन है जिसने पुकारा

3.

पीठ पर गट्ठर लादे
चला जा रहा है
तानाशाह
हवाई जहाज़ से उड़ रहा है

4.

सड़कों पर मर गये
रेल पटरियों पर बिछ गये
वे वैसे ही बिछड़ गये
जैसे पक्षी छोड़ते हैं घोंसले
घोंसले में अपनी परछाइयाँ

5.

जहाँ हवा उगती है
जहाँ निर्झर बादल धड़कते हैं
गहरे नीचे घास की परत के नीचे
नन्ही कोमल जड़ें हैं वहीं तो है
प्यार
जहाँ मज़दूर बसते हैं

6.

ये दुनिया जो उन्होंने बनायी
ये दुनिया उनकी नहीं है
वे मज़दूर हैं

7.

मज़दूरों
की आँखों में
गाँव, घर बसते हैं
बसते हैं खेत, खलिहान
मज़दूरों के सपने जीवित हैं
सपनों में ही वे चल रहे हैं
इस तपती धरती पर

8.

मज़दूर
देशभक्त नहीं है पर
प्रेम करता है देश से
मज़दूर सरहद के पार जाता है उसके साथ कोई सेना नहीं कोई हथियार नहीं
मज़दूर दो देशों के बीच धड़कता है
और मेहनत की रोटी के लिए किसी भी देश में पनाह लेता है

9.

मज़दूर
घर के लिए लौटता है
घर नहीं पहुँच पाता
मज़दूर देशभक्त नहीं
पर देश के लिए मर जाता है

अँधेरे समय की कविता

मैं लिखना चाहती हूँ ताकि इतिहास में ये दर्ज रहे, कि हम तानाशाह के आगे हारे नहीं थे
जब झूठ रचे जा रहे थे और सारे दानिशमंद पर पहरे बिठाये गये
तब भी रौशनाई सूखी नहीं थी
न्यायाधीश जब जिरह कर रहे थे ठीक उसी समय सारे गवाह ख़रीद लिए गये
हवा जो हँसती थी उसे क़ैद कर लिया गया
सूरज को उगने से रोक दिया गया
नील विस्तीर्ण आकाश के आलोक मण्डल में अपने पंख फैलाये उड़ रहे पक्षी पर निशाना साधा गया
जिन स्त्रियों की बलात्कार के बाद हत्या हुई उनके मेडिकल रिपोर्ट में कहा गया कि वो एक अदृश्य मौत से मरी
दुनिया के स्कूल में सारे छात्र गूँगे करार दिये गये
उन्होंने अपनी प्रेमिकाओं के नाम नहीं पुकारे
नहीं देखा गुलाब को खिलते हुए
धूप को पहाड़ों की पीठ पर चढ़ते हुए
झींगुरों और टिटहरियों की तान सुनते हुए वे बड़े नहीं हुए
घृणा का खारा जल लिए वे
शहरों को लड़ते हुए देखते रहे
नफ़रत को बिकते हुए
वे नहीं सुन रहे थे एक-दूसरे को

उनकी आँखों ने भीड़ में चेहरे पहचानना बन्द कर दिया था
औरतों, बच्चों से ताज़ादम बस्तियाँ
मेहनत से फ़सल उगाते किसान
झूल गये रस्सियों पर
जिन्होंने ये बयाँ दर्ज किया
वे सब काल कोठरी में ठूँस दिये गये
वहाँ से भी कविताएँ फूट पड़ी हैं
स्याही फैल गयी है
एक इतिहास रचा जा रहा है।

ईश्वर विलीन हो गया

एक दिन एक देश के प्रधानमन्त्री को ये ख़याल आया कि वो ईश्वर है
उसने प्रजा को ख़बर किया
कि आज से सब उसकी पूजा करें
बखान करें उनके गुणों का
वह बहुत डरा हुआ था
उसे अपना सिंहासन डोलता हुआ महसूस होता
वह चीख़ता
कहता
कि अगर ईश्वर नाराज़ हुए तो
भारी अनिष्ट होगा
जिन लोगों को उसके ईश्वर होने पर सन्देह था
उसके घर रौंद दिये गये
पत्थर काटकर राह बना रहे मज़दूरों
पर बुलडोजर चलाया गया
किसानों के खेत जला दिये गये
ये करते हुए तानाशाह ने कहा देखो मैं ईश्वर हूँ
कितना ताक़तवर हूँ
बच्चे हँसे इस झूठ पर
उनकी सारी किताबें जला दी गयीं

स्त्रियों ने कहा उनका ईश्वर उनके साथ है
रात में स्त्रियों की आत्मा रौंद दी गयी
तानाशाह अब ईश्वर के मुखौटे में है
ईश्वर विलीन हो गया

देह

इस उम्र में देह के बाहर बहता है प्रेम
चमड़ी से मुक्त देह की असंख्य खिड़कियाँ खुल जाती हैं
खिलते हैं मोगरे के
फूल
उगते हैं
हरे-हरे गाछ पर
पर उसका उगना कोई नहीं देखता
सूरजमुखी के फूलों के बीज
समय के ताल पर तैरते हुए
मन के भीतर खिलते हैं
पहाड़ों के ऊपर से बहता है झरना
जैसे मेरा हृदय बह रहा हो
समय के दूसरी तरफ़
मेरे निष्क्रिय यौनांगों में
ख़ून दौड़ता है?
छूती हूँ, एक बार फिर
अपने तन को
जगाती हूँ प्रेम को
देह जगता है प्रेम के स्पर्श से
डाकिया की तरह छोड़ता है सन्देश
थोड़ा आकाश

कुछ सितारे
और थोड़ा-सा प्रेम मेरी हथेली पर
मैं देखती हूँ ख़ुद को
और सामने उस सूखी नदी को
जो बहती नहीं अब
फिर भी मुझे अक्सर सुनाई पड़ती है उसकी आवाज़
कमरे के बाहर
खिड़की के पीछे
चिड़ियों की बोली अब भी सुनती हूँ
अगर तुम खोलोगे इस खिड़की को
तो देख पाओगे
कि बंजर ज़मीन पर उग आयी है हरी-हरी घास
सूरज की ताप से मेरा चेहरा अब भी होता है सुर्ख़

प्रेम

मैं कहना चाहती हूँ फूलों के बारे में
जो अभी-अभी खिले हैं
सूरज की तरफ़ ताकते हुए
हरे, पीले, नीले रंगों में
मैं कहना चाहती हूँ प्रेम के बारे में
जो मेरी छाती की नीली शिराओं में बहता है
मैं पृथ्वी की प्यास हूँ
स्वयं में सारा पानी सोखती हुई
मैं अक्सर याद करती हूँ
प्यार में भीगे दिनों को
प्रेम से बढ़कर कुछ भी तो नहीं है इस दुनिया में
मैं स्वर्ग से घूम आयी हूँ
मैंने दुनिया का सारा व्यापार देख लिया
मैंने बादलों की छाँव में बरसती बारिश देखी
और छू लिया आकाश को
मैंने सब कुछ देख लिया
दुख से भीगे दिन
और सुख से चमकती रात
पर मैंने अभी तक
प्रेम से सुन्दर कुछ भी नहीं देखा

प्रेम जो हज़ारों ज़िन्दगियों को बचा लेता है
युद्ध और हिंसा के बीच भी
बचा रहता है प्रेम
नफ़रत और घृणा के बीच भी
बचा रहता है प्रेम

करवाचौथ

आज चलनी से देखना था चाँद को
चाँद था कि स्याह बादल में छुपा था
सुहागिनें चाँद का मुख देखकर
देखतीं अपने चाँद को
होंठ सूखे थे
पानी की एक बूँद तक हलक से नहीं उतरा था
चाँद की ये दिल्लगी अच्छी नहीं लगी
आँखें छलछला गयीं
चाँद तुम तो मेरे सखा थे
तुमने ये धोखा क्यों दिया
जिसने
जीवन भर छला मुझे
मेरे प्रेम का तिरस्कार किया
जिसने कभी मनुष्य नहीं माना मुझे
उसे माफ़ करती रही
उसके लिए व्रत रखा, उपवास रखा
पर वो कभी मेरा प्रेम था ही नहीं
वो डर था
ये डर जितना गहरा होता
मैं उतनी बार तुम्हारा मुख देखती
तुम ही तो थे

जो आसमान से नींद में उतर आते थे
ताराओं से भरी रात में
छत पर लेटकर
आकाश की ओर देखकर,
नीलाम्बर के आँचल से ढककर
तुम्हें देखती थी
मेरे सखा दुनिया में जीने के लिए कितने स्वाँग रचे हमने
सुहाग के लिए ईश्वर की शरण में गयी
पति को ख़ुश करने के लिए उसे ईश्वर का रूप दिया
पर वो परमेश्वर मेरा राजा बन बैठा
हवा
धूप
बारिश
यहाँ तक कि रात के नीले आकाश में तुम्हें एकटक देखने पर पहरा लगा दिया
उसके मन में ईर्ष्या थी कि
कहीं चाँद के बहाने मैं किसी प्रेमी से तो नहीं मिल रही
प्रेम ही तो करना चाहती थी उसे
पर वो मेरा प्रेमी नहीं बन सका
मैं नीले आकाश में आँखें गड़ाये स्वप्न देखती हूँ
लोग सोचते हैं मैं पति के लिए जीती हूँ
उसकी उम्र की कामना करती हूँ
माथे में ख़ूब सारा सिन्दूर लगा
अपने को सजा कर
पाँव में आलता
लगाकर
आँखों में काजल डालकर
चाँद मैं तुम्हें देखती हूँ

तुम्हें देखते हुए तुम्हारी तरह शीतल प्रेम की कामना करती हूँ
मेरे व्याकुल मन को तुम जो समझते हो
जब तुम होते हो
सारा संसार संगीत से भर उठता है
और समस्त दिशाएँ मुहब्बत के रंग में रँग जाती है
वे सोचते हैं मैं
किस प्रियतम को याद कर रही हूँ
निर्झरिणी कौन-सी प्यास लिए
बहती चली जा रही है।
मेरे चाँद अब आ जाओ
नीरव नील गगन में
किरणों के घूँघट में
प्राण और मन को उल्लास से भरकर
तुम्हें देख लूँ
तुम ही तो हो मेरे सखा
मेरा कोई देवता नहीं
बस मुझे तुम्हारा मुख देखना है
प्रेम से भरा शीतल, कोमल
मुख!

हमारी पुरखिन

यह उन्नीस सौ 54 में जून का महीना था
जब गाछ पर
अमलताश के फूल खिले थे
धरती पीले रंगों से भर गयी थी
जब
वर्षों पहले
आज़ादी के गीत गाते हुए सड़कों पर हमारी स्त्रियों ने अपने झण्डे लहराये थे
जब चाँद जाग रहा था
और जंगल पुकार रहे थे जंगल को
ये वही समय था
जब हमारी पुरखिनों ने
अपनी आज़ादी, न्याय और समानता के लिए संघर्ष किये
जिस संघर्ष के 70 वर्ष बीत गये
क्या आप जानते हैं उन औरतों को
अपनी पुरखिनों को
विद्या मुंशी, इला रीड, हाजरा बेगम, अन्ना मस्कारने, रेणु चक्रवर्ती, तारा रेड्डी, शान्ता देब और अनसूया ज्ञानचन्द और अपनी अरुणा आसफ़ अली को?
उन्हें जानना ही चाहिए
जिसके लहू से ये धरती लाल हुई
जिन्होंने मुक्ति के गीत गाये

ये हमारी औरतें थीं
जिन्होंने खेत बोये
फ़सल काटे
जो लड़ीं ज़मींदारों से
साहूकारों से
मील के मालिकों से
जिन्होंने कपास उगाये
धान बोये
लोहा गर्म किया
हथौड़े चलाये
ये हमारी पुरखिने थीं
जिस ज़मीन पर हम खड़े हैं
आज़ादी के साथ
जिस ज़मीन पर बैठ कर
मैं अभी लिख रही हूँ
जिस ज़मीन को बीजों से भर रही हैं औरतें
जिस ज़मीन से अन्न निकाल कर
गोदामों तक ढोती हैं
उस ज़मीन पर अपने अधिकारों के लिए लड़ने का हक़ है
ये उन्होंने ही बताया
वे लड़ीं दोगले ज़मींदारों के ख़िलाफ़
वे लड़ीं देश की आज़ादी के लिए
वे अब भी लड़ रही हैं दुनिया में
वो अब भी लड़ रही हैं
इस पृथ्वी पर
जीवन बचाने के लिए

बारूद की ढेर पर बैठी दुनिया

दुनिया जब बम और बारूद की ढेर पर बैठी हो
तो कैसे यक़ीन हो कि हम बचा लेंगे
बच्चों को
उसकी दुनिया
उसकी गेंद
उसकी किताबें
उसके स्वप्न
सब रक्त से भीगे हैं
तुम जो एक देश को मुर्दे धर में तब्दील कर रहे हो
क्या तुम बचे रहोगे
क्या रोक सकोगे उन हवाओं को
जो बारूद की गन्ध से भरी है
बच्चों के ख़ून से भीगी है
जो कई देशों को पार करती हुई
तुम्हारे भीतर पहुँचती हैं
उसे भी रोक दोगे
क्या-क्या नष्ट करोगे
इस धरती की आत्मा को
जले हुए पेड़ के झुलसे पत्ते
रक्त से भीगी मिट्टी
बारूद और बम के गन्ध से भरी हवा
माँ की गोद में पड़े बच्चों की लाश

क्या उसे भी मिटा सकोगे
युद्ध अकेला नहीं होता
दुनिया को बदल देता है एक विशाल शरणार्थी शिविर में
युद्ध दुनिया की सभ्यता का खँडहर है
वे इसके भीतर भटकते ही रहते हैं
फ़िलिस्तीन को ख़त्म कर कितना बचा लोगे दुनिया को
हिंसा की ताक़त से तुम एक देश को मिटा सकते हो
पर उसके इतिहास को नहीं
उस देश के कवि जिनकी कविताएँ
हवा में तैरती रहती हैं
महमूद दरवेश
को जानते हो तुम
उनकी कविताएँ चारों दिशाओं में गूँज रही हैं
उनके शब्द झर रहे हैं
हम चलें कुछ भी न हारने के लिए
कुछ भी न खोने के लिए
सिवा अर्थियों के
आकाश के लिए हम गायेंगे
भेजेंगे अपनी आशाएँ
कारख़ानों और खेतों और खदानों में
हम गायेंगे और छोड़ देंगे
अपने छिपने की जगह
हम सामना करेंगे सूरज का
रुको भाई हम सब
आ रहे हैं साथ
हम साथ मिलकर गायेंगे गीत
सामना करेंगे उनका जो इस पृथ्वी को
क़ब्रगाह बना रहे हैं
हम वहीं उगायेंगे शान्ति के गीत

अन्त में क्या बचेगा हमारे हिस्से

सुना है ए आई आदमी के दिमाग़ तक पहुँच गया है
वो सब कर सकता है जो आदमी करता है
उसकी रफ़्तार आदमी से तेज़ है
वो मिनटों में रच सकता है
वो किसी भी भाषा में बात कर सकता है
वो प्यार करने के नुस्ख़े बता सकता है और
घृणा फैलाने के लिए रच सकता है भयावह दुनिया
कभी बेर्टोल्ट ब्रेष्ट ने लिखा था
जनरल, तुम्हारा टैंक एक मज़बूत वाहन है
वह मटियामेट कर डालता है जंगल को
और रौंद डालता है सैकड़ों आदमियों को
लेकिन उसमें एक नुक्स है
उसे एक ड्राइवर चाहिए
पर क्या ए आई को
मनुष्य की ज़रूरत होगी
क्या उसका दिमाग़ मनुष्य से भी कई गुना तेज़ नहीं है
फिर कैसी दुनिया होगी
मुझे उस दुनिया की कल्पना से डर लगता है
हमारे जीवन के तमाम दृश्य
हमारे सुख, दुख सब उसके नियन्त्रण में होगा
और निर्मित करेगा एक नक़ली, चमकीली दुनिया

वह इस धरती के भूगोल पर रच सकता है नक़ली युद्ध
नक़ली चेहरे और नक़ली होंठ नक़ली दाँत
मेरा विश्वास करो
अब ये दुनिया उतनी मासूम
निर्भीक
बेफ़िक्र नहीं रहेगी
मैं यह कहती हूँ तुमसे, हाँ तुमसे जिसकी मुस्कान ने दुनिया के निर्माण के विचार को जन्म दिया
जिसने मनुष्य को मनुष्य बनाया
सोचने की ताक़त दी
जिससे तुम लिख पाते हो
कविताएँ
और आलोकित होते हो–आनन्द या पीड़ा की सिहरनों से
क्या कोई मशीन निर्मित कर सकता है ये सब कुछ
मैं ये सोच कर सिहर जाती हूँ
वो कोई भी ख़तरनाक खेल रच सकता है
और आदमी की सोच को नियन्त्रित कर सकता है
शुक्र है कि अभी उसकी पहुँच मनुष्य की भावनाओं तक नहीं है
फिर भी वो नक़ली भावनाओं का संचार कर सकता है
वो नक़ली दुख और सुख रच सकता
अन्त में क्या बचेगा हमारे हिस्से
क्या मैं अब भी ये कह सकती हूँ
कि तानाशाह तुम्हारी मशीन बहुत ताक़तवर है पर मनुष्य के दिमाग़ से ज़्यादा नहीं

राम से सीता का संवाद

हे! मर्यादा पुरुषोत्तम तुम जाओ!
सीता के लिए ये पूरी पृथ्वी है
यही मेरी जननी है
जिसने जाना स्त्री होने का दुख
जिसने बताया स्त्री
कोई वस्तु नहीं
ना ही युद्ध में जीतने के लिए बनी है
हे राम! अगर जानना चाहो तो जानना
प्रेम सिर्फ़ भाव नहीं है
मुक्ति है
प्रेम अगर हो तो बराबरी और सम्मान है
सीखना हो तो सीखना
कि एक स्त्री को जीतने के लिए किसी युद्ध-स्थल की ज़रूरत नहीं
युद्ध विनाश है
स्त्री जननी है
संसार का विनाश नहीं चाहती
तुमने कभी नहीं पूछा तुम्हारे बिना कैसी रही मैं?
एक वर्ष कैसे बीते?
मैं अब भी घूम रही हूँ वनों में
अपने बेटों को बता रही हूँ कैसे किसी स्त्री का मान रखना

कैसे उसके दिल तक पहुँचने का इन्तज़ार करना
हे राम! तुम्हारे शब्द
हृदय में शूल की तरह चुभ रहे हैं
जिस पुरुष ने मुझे एक साल तक बन्दी रखा
उसी पुरुष की वजह से तुमने शक किया
मेरे प्रिय क्या कहा तुमने
मुझ से प्रेम करते हो
तुम ही बताना क्या ये प्रेम है?
अगर प्रेम होता तो क्या मुझे
तुम त्याग देते
प्रेम मैंने किया तुमसे
साक्षी हैं पेड़ और
झर रही चाँदनी
ये पारदर्शी हवा
ये सब जानते हैं प्रेम की गाथा
प्रिय जब तुमने मेरा त्याग किया उस समय भी मैं तुम्हारे प्रेम में डूबी थी
सोचा प्रकृति मेरी माँ है
वहीं जन्म दूँगी अपने प्रेम को
तुम्हारी मधुर हँसी
दिल में धँस गयी
तुमने पूछा नहीं
इन सालों में कैसे जीया हमने
कितनी बार मेरे आँसू गिरे
कृष्ण-कस्तूरी पक्षी ने देखा उसे
नदी किनारे की झाड़ियों पर उड़ान भरकर चुपचाप अपनी पूँछ उठाकर
बिना हिले-डुले मेरे पास खड़ा हो गया।
पर जब तुमने कहा कि मुझ पर विश्वास नहीं है
तुम एक साल किसी दूसरे पुरुष के सान्निध्य में रहीं

उसी पल हे राम तुम
मेरे मन से उतर गये
तुम्हारे शब्द
शूल की तरह चुभ रहे हैं
कितनी बार मेरे दुख से भीग गयी पृथ्वी
मैं जानती हूँ तुम
मर्यादा पुरुषोत्तम हो
इसलिए त्याग किया मेरा
उस रावण के लिए
जिसने छल-बल से जीतने की कोशिश की मुझे
उसने झूठ कहा
उसे मुझ से प्रेम नहीं था
उसे अपनी शक्ति का प्रदर्शन करना था
उसे तुम्हें दिखना था कि
इस संसार में सिर्फ़ तुम ही बलशाली नहीं हो
सीता उसके लिए सिर्फ़ स्त्री ही तो थी
जिसे उसकी मर्ज़ी के बिना रावण हर ले गया
उसे स्त्री पर अधिकार जताना था
बल का प्रदर्शन था
लंकेश के सोने की लंका का गुमान था
तुम्हें दिखाना था कि तुम्हारी मर्यादा को तार-तार कर सकता हूँ
हे राम!
स्त्री कोई मर्यादा नहीं
वस्तु नहीं
वह प्रकृति है
जिसे कोई बाँध नहीं सकता
तुम उसके रक्षक नहीं
वह तो सदियों से बहती रही है

उसने इस पृथ्वी को सींचा है
स्त्री प्रेम में विश्वास करती है
मुक्ति में
और
बराबरी में
हे राम! मैं तो तुम दोनों के पौरुष के दम्भ की शिकार हुई
स्त्री को जीतने का दम्भ
स्त्री के लिए युद्ध
ये मेरी मुक्ति नहीं थी राम
रावण को मार कर तुम यश में डूबे
मरकर भी रावण महाबली ही रहा
सीता को आख़िर जंगल ने ही शरण दिया
आज तुम्हें अपने बेटे सौंपती हूँ
इन्हें मैंने प्रकृति के साथ रहना सिखाया है
और बताया है कि मनुष्य बना रहना कितना कठिन है
मैंने उन्हें बताया प्रेम करना
प्रेम के लिए मुक्ति का रास्ता ही सबसे बेहतर रास्ता है
स्त्री को अगर पाना हो तो उसके मन के द्वार से जाना
अगर द्वार बन्द हो तो छल-बल से उसे नहीं पाना
मैंने अपने बेटे को बताया
जीवन का अन्तिम रास्ता प्रेम ही है
युद्ध नहीं
अब जाती हूँ प्रिय
इस पृथ्वी के हृदय में मेरे लिए असीम जगह है
मैं रहूँगी इसकी गोद में
और रहेगा प्रेम ज़िन्दा अनन्तकाल तक

सवर्ण

मैं एक सवर्ण घर में पैदा हुई

मैंने देखा मेरे समाज में किस तरह
पाले गये बच्चे
कि बड़े होकर वे हुक्म चला सकें
वे भेद नहीं सकें जाति की दीवार
जाति की श्रेष्ठता को बनाये रखने के लिए कितने प्रपंच रचे
मनुष्य से मनुष्य के घृणा का पाठ यहीं पढ़ा हमने
हमारा आँगन बुहारती, फ़सलें काटती गाय को चारा देती उन तमाम
औरतों को अपवित्र माना गया
उसके लिए अलग थाली, प्लेट या पत्तल था
काम करते हुए पसीने से भीगी हुई अपवित्र औरत को हमारे देवताओं से
दूर रखा गया
बड़ी होकर मैंने
उन प्रपंचों के ख़िलाफ़ बग़ावत किया
मैं उस क़तार में शामिल हुई
जहाँ मनुष्य के ख़िलाफ़ कोई प्रपंच न रचे
मैंने एक भेदी की तरह अपना घर ढाह दिया
और शामिल हुई उनके बीच
वे जो शोषित हैं
वे जो मेहनतकश हैं

वे जो दलित हैं
मैंने अब तक लिखे गये सारे इतिहास का पुन:पाठ किया
मैंने पाया कि किस तरह आदिम जातियों को उनकी ज़मीन से खदेड़ दिया गया
उनसे उनके जंगल, खेत, और मनुष्य होने की गरिमा छीन ली गयी
मैं अब उनके बीच हूँ
अपने खेमे से नाता तोड़कर
मैं नहीं चाहती दुनिया मेरे हुक्म पर चले
मैं नहीं चाहती
जाति का घेरा मज़बूत हो
मैं नहीं चाहती धर्म हमें नियन्त्रण करे
और वेद, पुराण पर सिर्फ़ पण्डितों का क़ब्ज़ा हो
ज्ञान उनकी मुट्ठी से निकलकर बाहर आये
जो भाषा मनुष्य के बीच भेद करती हो उस
भाषा में शामिल घृणा के शब्द बाहर किए
और तलाश रही हूँ ऐसी भाषा जो पण्डित के जकड़नों से मुक्त हो
मैं सवर्णों द्वारा रचे गये तमाम प्रपंच के ख़िलाफ़ गयी
मैं उनके बीच हूँ
पर इतना भी आसान नहीं था मुझे स्वीकार किया जाना
फिर भी मुझे उम्मीद है एक दिन
जाति और धर्म के बाहर
हम मिलेंगे एक मनुष्य की तरह

मेरे राम

तुम्हारा मुख मलिन क्यों हैं
क्या तुमने माँ कौशल्या को नींद में पुकारा
सुबह की पहली किरण में माँ ने तुम्हारा मुख देखा
ओस की कँपकँपाती नन्ही बूँद की तरह
शान्त हवा से ताल मिलाती
तुम्हारी आँखों की बरौनिया काँपीं, पुतलियाँ खुलीं
क्या तुम साँस नहीं ले पा रहे हो
हीरे, जवारर, सोना, चाँदी से लदी तुम्हारी देह किसने जकड़ दी है राम
चाँद सा तुम्हारा मुख पीड़ा से कातर है
माँ कौशल्या की गोद में जाने के लिए मचल रहे हो मेरे राम
माँ की आँखें भीगी हैं
देख रही हैं सोने में जगमगाती मन्दिर को
जहाँ तुम्हें आभूषण से लाद दिया गया है
किलक-किलक उठत भूमि लटपटायत धाय मात गोद लेत जैसे शब्द गूँज रहे हैं
पर तुम तो हिल भी नहीं पा रहे हो राम
ज़ंजीर में जैसे जकड़ा जाता है
वैसे ही तुम्हें सोने के आभूषण में जकड़ दिया गया है।
मेरे नन्हे राम तुम्हें तो कभी ये आडम्बर नहीं चाहिए था
तुम तो सबके राम थे
जीवन से भरे हुए

लोक गाथाओं में डूबे हुए
तुलसी के राम
वाल्मीकि के राम
सूरदास के राम
रैदास के राम
कबीर के राम
स्वर्ण की चमक-दमक में कहाँ खो गये तुम
माँ कौशल्या रो रही है
कौन छीन ले गया उसका बालक
तुम्हारी कातर पुकार सुन कर तुम्हें नगर नगर तलाश रही है
मेरे राम
माँ जानती है तुम्हें
नहीं चाहिए इतना आडम्बर
नहीं चाहिए सोना, चाँदी, हीरे, मोती
माँ की गोद तुम्हारे लिए सबसे मुफीद जगह है
जहाँ नींद में तुम हँसते हो
और माँ तुम्हारा मुख देख जीती है
वे अभागे हैं जो नहीं जानते ईश्वर को
महलों में क़ैद नहीं किया जा सकता
मन्दिरों में उनकी आत्मा नहीं बसती
राम लोगों के हृदय में हैं
शबरी के प्रेम में हैं
करुणा में हैं
देखो कैसी
शान्ति
उतरी है
आकाश से
जैसे आकाशीय पिंड कोई इन्द्रधनुषी छटा बिखेर रहा हो

माँ ने तुम्हें अपनी गोद में लिया है
सारे आभूषण उतार दिये हैं
कितना मोहक है ये दृश्य
माँ की गोद में तुम खिलखिला रहे हो
नंग-धड़ंग!

कितनी शान्त है सुबह

कितनी शान्त है सुबह
बूँदों से भरी
आकाश बादलों से भरा है
रूई के फाहों की तरह झर रहा है
झर रही हैं नींद
नींद में ही हमने तुम्हें पुकारा
तुम आए
देह के फूल खिल गये
असंख्य रंगों की धारिया टहकने लगी
लाल अड़हुल
खिल गये
मोगरे के फूल तुमने मेरे बालों में गूथ दिया
दुनिया में प्रेम कम नहीं है
पर घिरा है अँधेरों से
आशंकाओं से
यातनाओं से
फिर भी
प्रेम ही है जो खिल उठेगा
हरे-हरे गाछ पर

बेटियाँ

बेटियाँ तुम जन्म मत लेना। तुम सब इस पृथ्वी पर आने से इंकार कर दो। ये पृथ्वी ज़रखेज है। इसे बांझ हो जाने दो। हवा तुम बहना बन्द कर दो। नदी, झरने, पहाड़, जंगल सब उजड़ने दो। ये जमीन तुम्हारे लिए नहीं। यहाँ मनुष्य पैदा नहीं हो रहे हैं। वे सब शिकारी हैं। जोभ लपलपाते। तुम्हारा रक्त और मांस खाने को आतुर। बेटियाँ तुम धरती की कोख से लगी-लगी कोई गीत मत गाना। नहीं देना जन्म उन्हें जो तुम्हारे रक्त से नहा कर निकलते हैं और हिंसक पशु में बदल जाते हैं। सत्ता की मवाद को बहने दो। बहनें दो सम्पूर्ण पृथ्वी पर रक्त की धारा। इंकार करो, कहो मेरा धर्म नहीं, मेरी कोई जात नहीं, मेरा कोई घर नहीं, मेरा कोई सगा नहीं। वे सत्ता के मद में चूर हैं, वे धर्म के नशे में चूर हैं, वे अपने लिंग की श्रेष्ठता को साबित करने में लगे हैं। वे क्रूर, हिंसक पशु हमारा रक्त माँग रहें हैं। वे हमारे बदन का गोश्त नोंच रहे हैं। तुम कहो कि इस धरती को बेटियाँ चाहिए तो दुनिया बदलनी होगी। बेटियाँ चाहिए तो भेड़िये के ख़िलाफ़ जंग लड़ना होगा। बेटियाँ चाहिए तो एक सुन्दर और रहमदिल दुनिया बनानी होगी। बेटियाँ तुम उगो, अपने हाथ में उठा लो मुक्ति की पतवार। तुम समवेत स्वर में कहो नहीं अब और नहीं। तुम आओ हज़ारों की कतार में। तुम आओ की ये जमीन लहलहा उठे। तुम आओ की हमसब ज़िन्दा रहें, ज़िन्दा रहे हमारे ख्वाब, ज़िन्दा रहो तुम मेरी बेटी।

□□